Carlos Urban
Freimaurerische Bürgschaft

FSC
www.fsc.org

MIX

Papier aus ver-
antwortungsvollen
Quellen
Paper from
responsible sources

FSC® C105338

Carlos Urban
Freimaurerische Bürgschaft

Meinen Bürgen.

»Mein Sohn, wirst du Bürge für deinen
Nächsten, und hast deine Hand bei einem
Fremden verhaftet, so bist du verknüpft
durch die Rede deines Mundes, und gefangen
mit den Reden deines Mundes.«

Sprüche Salomos

ISBN 9 783848 201969
© 2012 Carlos Urban, Hoya
Herstellung: Books on Demand GmbH, Norderstedt
Satz und Gestaltung: Concepte & Ideen, Hoya
Alle Rechte, insbesondere das Recht der Vervielfältigung und
Verbreitung sowie der Übersetzung vorbehalten. Kein Teil
des Werks darf in irgendeiner Form ohne schriftliche Geneh-
migung reproduziert oder unter Verwendung elektronischer
Medien verarbeitet, vervielfältigt oder verbreitet werden.

Vorwort des Großmeisters

Die Freimaurerei ist ein großes, verwinkeltes Gebäude, mit dunklen Kellerräumen und hellen Ateliers. Dieses Gebäude zu erkunden, kann eine lebenslange Aufgabe sein. Mit seiner Aufnahme steht der Suchende, mit seiner Beförderung und Erhebung der Bruder in immer neuen Zimmerfluchten.

Die Tür zu diesem Gebäude ist versteckt, klein und eng. Die Freimaurer machen es schwer, sie zu finden, und noch schwerer, sie zu öffnen.

Der Bürge ist der Mann mit dem Schlüssel zu dieser Tür. Er steht auf der Schwelle des Hauses, zwischen dem profanen und dem gedeckten Bereich, um es dem Suchenden zu öffnen, ihn zu begleiten und anzuleiten. Ein Zerberus, ein Charon, ein Christophorus, ein Lichtbringer – und ein Freund.

Das Buch unseres Bruders Carlos Urban zum Thema der Bürgschaft ist eine unserer Großloge der Alten Freien und Ange hoch willkommene Besinnung auf handfeste Grundlagen unseres Bundes, die doch stets auch symbolisch aufgeladen sind – ein Werk zum Lesen, Nachschlagen und Nachdenken.

Axel Pohlmann
Großmeister der Alten Freien und
Angenommenen Maurer von Deutschland

Vorweg.

Auf Einladung des Sehr Ehrw. Distriktsmeisters durfte ich im Jahre 2009 in Bremen bei einem „CM für Meister" einen Vortrag zum Thema halten. Es zeigte sich ein großer Bedarf zum Thema. Im Laufe der Diskussion ergaben sich wertvolle Hinweise und neue Aspekte, darauf basierend ist dieses Buch entstanden.

Meine Schilderung des Bürgschaftsverhältnisses beschreibt zwar ein Idealbild, keineswegs aber eine Utopie. Ich habe als frischgebackener Freimaurer eine solche Bürgschaft selbst erleben dürfen, was sicher dazu beigetragen hat, dass ich mich in diesem Maße der Freimaurerei verbunden fühle.

In zehn Jahren Zugehörigkeit zum Freimaurerbund konnten Erfahrungen aus verschiedenen Funktionen einfließen, die ich im Laufe der Jahre ausüben durfte. Zweifellos habe ich diese Möglichkeiten auch meinen Bürgen zu verdanken.

Eine gute Bürgschaft ist von jedem erlernbar und sie ist, früher oder später, eine wichtige Erfahrung für jeden Meister, wichtig für seine persönliche Weiterentwicklung, für die Qualität seiner Loge und der Freimaurerei. Mit dem Erreichen des Meistergrades ist die persönliche Entwicklung nicht beendet. Sie geht mit jedem Amt und jeder Bürgschaft weiter.

Aber: Es gibt immer wieder Unsicherheiten – bei den Logen, Bürgen, Lehrlingen und Gesellen – über die Art und Weise einer Bürgschaft, über Aufgaben, Rechte, Pflichten und Grenzen. Nicht überall ist es um die Bürgschaft gut bestellt. Ich hoffe, dass ich mit dieser Schrift eine Hilfestellung geben kann – „zum Wohle der Logen im Besonderen und der Freimaurerei im Allgemeinen".

Wichtig der Hinweis, dass dieses Buch sich ausschließlich auf die Gepflogenheiten und Besonderheiten der humanitären Freimaurerei bezieht, wie sie von den Logen in der Großloge der Alten Freien und Angenommenen Maurer von Deutschland vertreten werden.

Hoya, im März 2012

Kleiner Exkurs

> „Durch den Bürgschaftsvertrag verpflichtet sich der Bürge gegenüber dem Gläubiger eines Dritten, für die Erfüllung der Verbindlichkeiten des Dritten einzustehen.“

So weit das Bürgerliche Gesetzbuch im Paragraph 765 zum Thema Bürgschaft, wobei üblicherweise ein Einstehen für eine materielle Verpflichtung gemeint ist.

Moralische Bürgschaft

Wir dagegen sprechen von einer moralischen Bürgschaft. Das heißt, jemand – der Suchende – hat Zusagen für bestimmte Verhaltensweisen gemacht, der Bürge steht uns als Garant für deren Einhaltung ein.

> Drei Punkte sollten wir genauer betrachten:
> - Was ist der Bürgschaftsvertrag?
> - Was sind in unserem Falle die Verbindlichkeiten?
> - Wie definiert man den Gläubiger?

Die Besonderheit des maurerischen Bürgschaftsvertrages

Der freimaurerische Bürgschaftsvertrag ist kein definierter Vertrag, sondern eine aus Traditionen herrührende und durch stille Übereinkunft übertragene Vereinbarung, die selten schriftlich, sondern im Aufnahmeritual unter Bezeugung der Bruderschaft gegeben und bestätigt wird, wobei der „Bebürgte" keine Zustimmung geben muss.

Die Verbindlichkeiten in materieller Sicht sind schnell beschrieben: es handelt sich um die Aufnahmegebühr, den Mitgliedsbeitrag und die Gebühren für Beförderung und Erhebung. Einige Logen verpflichten auch heute noch den Bürgen auf die Einhaltung der materiellen Verpflichtungen, aber die Regel ist dies nicht mehr – wenn auch einige Bürgen dies freiwillig als einen Teil Ihrer Verpflichtung ansehen.

Materielle Bürgschaft nicht durchsetzbar

In einer internen Diskussion hat unsere Großloge bereits 2002 festgestellt und empfohlen, dass die materielle Bürgschaft in unserem ethischen Bund juristisch kaum durchsetzbar sei und man daher vollständig darauf verzichten solle.

Das soll uns in diesem Falle aber nur beiläufig interessieren, denn wir sprechen ja weniger von einer materiellen als einer moralischen Bürgschaft.

Bürge als Väterlicher Freund

Eigentlich passender wäre die Bezeichnung „Pate", auch wenn diese Funktion aus dem kirchlichen Bereich stammt. „Pater spiritualis" oder auch „patrinus" meint den „Mit-Vater", den väterlichen Freund, worum wir den Bürgen bei der Entlassung aus seiner Funktion bitten. Seine ursprüngliche Aufgabe in einer kirchlichen Gemeinde ist es, das Patenkind für die Gemeinschaft vorzubereiten und über einen längeren Zeitraum eine einseitige Fürsorgepflicht zu übernehmen. Ganz ähnlich verhält es sich mit unserem Bürgen.

Auch andere Bezeichnungen verdienen Erwähnung: beispielsweise der Beistand, Mentor, Coach, Erzieher, Betreuer, Nestor, Tutor.

Dies alles liegt im Begriff des Bürgen, wie wir ihn in der Freimaurerei verwenden wollen.

Für den Betreuten gibt es aufgrund des Lebensalters und der Erfahrung eines erwachsenen Mannes keine wirklich passenden Bezeichnungen. Patenkind, Schutzbefohlener, Novize, Neophyt, Neuling, Debütant, Protegé, Günstling – alles geht ein Stück am Kern vorbei. In dieser Broschüre beschränke ich mich vorzugsweise auf Mündel oder Schützling.

Relikt aus alten Zeiten?

Die Verhältnisse haben sich geändert. Könnte man nicht einfach eintreten und sich einem Kodex unterwerfen, über dessen Einhaltung eine Gruppe wacht? Man könnte diese Aufgabe ganz funktionell dem Beamtenrat übertragen, einem Ausschuss oder einem speziellen Bruder.

Und hat nicht das Instrumentarium der individuellen Bürgschaft eine gewisse Unschärfe? Jeder Bürge sieht und betreibt Freimaurerei etwas anders. Könnte nicht die kollektive Identität einer Loge anders, zentraler, besser gesteuert werden? Man könnte doch ein Gremium einrichten, das Statuten aufstellt und über deren Einhaltung wacht, dem der Lehrling und Geselle gelegentlich Bericht erstatten muss, das prüft und entscheidet.

Oder ist Bürgschaft mehr als eine Haftungsfrage?

Zur Erinnerung: das Gelöbnis

Wir müssen etwas ausholen: Zwar handelt es sich um ein Kollektivverhältnis, die Loge könnte deshalb prinzipiell regulierend eingreifen. Zum Erlernen der umfänglichen, teils ungeschriebenen Regeln bedarf es jedoch einer Bezugs- und Vertrauensperson. Die Anforderungen sind hoch, die Erwartungen auch.

Bedenken wir: Die Loge ist ein Freundschaftsbund oder sollte es zumindest sein, kein Instrumentarium mit bürokratischen Kontrollgremien.

Schauen wir uns nur einmal das Gelöbnis an, das jeder von uns feierlich ablegen musste[1].

Ich gelobe,

1. mich der Humanität aus vollem Herzen und mit ganzer Kraft zu widmen;
2. die Pflichten gegenüber Familie, Gemeinde, Land und der Gemeinschaft aller Menschen gewissenhaft zu erfüllen;
3. das Brauchtum der Freimaurer in Ehren zu halten und Verschwiegenheit über die inneren Angelegenheiten zu wahren;
4. den Gesetzen der Bruderschaft und dem Hammerschlag des Meisters maurerischen Gehorsam zu leisten;
5. die Arbeit der Loge nach Kräften zu fördern, ihr Zeit und Arbeitskraft zu widmen und sie nie ohne gültige Ursache zu verlassen;

---

[1] Zitiert aus „Freimaurerische Ordnung" der Großloge der Alten Freien und Angenommenen Maurer von Deutschland.

6. den Brüdern mit Rat und Tat zur Seite zu stehen und die Zusage auf Maurerwort so gewissenhaft zu halten wie einen heiligen Eid.

Die Verpflichtung ist inhaltlich umfangreich. Die Loge kennt den Neuling zu wenig, als dass sie sein Verhalten beurteilen könnte. Und seien wir einmal ehrlich: wie viele Brüder sehen es nicht als ihre Aufgabe an, sich um diese Belange zu kümmern? Für das entgegengebrachte Vertrauen muss die Loge einen Garanten erwarten können, der für die Einhaltung dieser Regeln steht oder sich sehr ernsthaft darum bemüht.

Die ersten beiden Aufgaben – die Widmung der Humanität aus vollem Herzen und die Pflichterfüllung gegenüber der Familie, der Gemeinde, dem Land und der Gemeinschaft aller Menschen – sind einfach zu groß, als das der Bürge ernsthaft für deren Umsetzung einstehen könnte. Er kann sein Mündel darin bestärken, begleiten und von Verfehlungen abzuhalten versuchen – aber nicht für die erfolgreiche Umsetzung einstehen. Aus diesen uneinlösbaren moralischen Verpflichtungen wollen wir den Bürgen daher getrost entlassen.

Begrenzter Umfang der Verpflichtung

Alle anderen Punkte betreffen ausschließlich die inneren Gesetze der Freimaurerei, dafür kann der Bürge Sorge tragen, dafür kann er Einfluss auf den jungen Bruder nehmen und dafür kann er in die Pflicht genommen werden.

Die Gläubigergemeinschaft sind die Loge und die gesamte (Welt-) Bruderkette. Sie nimmt bei Nichteinhaltung der genannten Grundsätze Schaden, um dem vorzubeugen wird die Bürgschaft abgeschlossen.

Gleichwohl scheint die soziale Bürgschaft ein mehr oder weniger einseitiger Vertrag zu sein: der Bürge hat, wie bei der wirtschaftlichen Bürgschaft, praktisch nur Pflichten, aber keine Rechte. Wir kommen darauf zurück.

Historische Veränderung

Früher konnte eine freimaurerische Bürgschaft sehr ernste Konsequenzen haben. Nicht nur für finanzielle Verpflichtungen musste der Bürge geradestehen, bei einem Ausschluss konnte es sein, dass der Bürge die Loge ebenso verlassen musste wie sein Protegé.

Nicht selten war der Suchende der Loge unbekannt. Ich kenne Protokolle aus dem 18. Jahrhundert, nach denen ein im Nebenraum anwesender Kandidat von seinem Bürgen vorgeschlagen wurde, nach kurzer Beratung wurde ballotiert und bei entsprechendem Ergebnis gleich im Anschluss die Aufnahme vollzogen. Aus den Protokollen meiner Loge von 1786 haben wir entnommen, dass der Kandidat schriftlich vorbereitet wurde, beim nächsten Logentreffen wurde gekugelt und die Aufnahme auf die nächste Zusammenkunft angesetzt. Ein langes Kennenlernen – wie heute zumeist üblich – gab es nicht.

Ohne das Instrument der Bürgschaft wäre eine solche Vorgehensweise unmöglich gewesen. Angesichts der damaligen Verhältnisse wären langwierige Verfahren wie heute gar nicht denkbar. Der Bürge war die einzig brauchbare Garantie für die Tauglichkeit des Kandidaten. Also war man gezwungen, der Bürgschaft durch scharfe Konsequenzen Bedeutung zu verleihen.

Heute haben wir ganz andere Voraussetzungen: die eingehende Prüfung auf zahlreichen Gästeabenden, in manchen Logen das Einholen eines polizeilichen Führungszeugnisses, die Veröffentlichung des Aufnahmebegehrens bei benachbarten Logen, die leichten Recherchemöglichkeiten und die besseren Kommunikationswege versetzen jeden einzelnen Bruder in die Lage, einen Suchenden ernsthaft zu prüfen – wenn er denn will.

Notwendig wie immer – nur anders

Es müsste heute kein einzelner Bruder mehr für einen Neuen haften, denn normalerweise hatten alle Brüder oder zumindest ein größerer Kreis die Möglichkeit der Prüfung. Der Zeitraum des Kennenlernens ist so lang, dass im Grunde alle Logenmitglieder einen Einspruch hätten erheben können.

Somit bleibt die Frage: Wozu braucht die Loge einen Bürgen? Hier ist eine grundlegende Verständnisfrage zu klären. In der Vergangenheit bezog sich die Bürgschaft auf die „lautere Gesinnung" des Kandidaten. Heutet trifft man nicht selten die gefährliche Ansicht, die Bürgschaft beziehe sich auf die Prüfung und Versicherung, der Kandidat können die formellen und wirtschaftlichen, vielleicht auch noch intellektuellen Voraussetzungen, erfüllen. Ich warne davor und darum habe ich eingangs auf die Unterschiede zwischen einer wirtschaftlichen und freimaurerischen Bürgschaft hingewiesen.

Die freimaurerische Bürgschaft ist weit mehr, das ist eine sehr persönliche, sehr individuelle und freundschaftliche angelegte Funktion, die keine Institution übernehmen kann, sondern nur ein oder zwei vertraute oder vertraut werdende Menschen, Brüder.

Daher ist die Bürgschaft zeitgemäß und sogar zwingend erforderlich – aus verschiedenen Gründen:

1. Der Bürge ist die „personifizierte Kontrollinstanz" dafür, dass möglichst geeignete Kandidaten in die Loge und in die Weltbruderkette kommen.
2. Die Loge ist ein Freundschaftsbund, die Bürgschaft der erste Freundschaftsdienst an den Aufzunehmenden, aber auch der Loge und ihren Mitgliedern gegenüber.
3. Die Bürgschaft dient der Persönlichkeitsentwicklung für den Schützling und für den Bürgen.
4. Sie ist ein wichtiger Bestandteil der besonderen Kommunikations- und Organisationsstruktur einer Bruderschaft.
5. Der Bürge ist ein kommunikativer Puffer bei Meinungsverschiedenheiten, drohende Streitigkeiten lassen sich in vielen Fällen bereits im Keim ersticken; das fördert die Logenharmonie.
6. Der Bürge entlastet die Instruktoren oder Aufseher, je nach Logenbrauch.

7. Der Bürge führt den Neuling ganz individuell in die freimaurerische Gedankenwelt sowie die Sitten, Gebräuche und Traditionen der eigenen sowie fremder Logen und Lehrarten ein.

8. Der Bürge erinnert sein Protegé ggf. an die abgegebenen moralischen Verpflichtungen, mahnt bei Bedarf freundschaftlich und motiviert ihn zu freimaurerischem Handeln.

9. Der Bürge ist es, der am ehesten die Reife erkennt und den (maurerisch) jungen Bruder für Beförderung oder Erhebung vorschlägt und ihn darauf vorbereitet.

10. Und letztlich ist es auch der Bürge, der sich für sein Mündel einsetzt und ihn in Absprache mit dem Beamtenrat ggf. für passende Aufgaben empfiehlt. Das darf auch noch gelten, wenn der Schützling junger Meister ist.

Daraus ergeben sich wesentliche persönliche Voraussetzungen für die Übernahme einer Bürgschaft. Dennoch bin ich davon überzeugt, dass praktisch jeder Bruder Meister eine Bürgschaft übernehmen kann – wenn er den festen Willen hat, sich auch nach Erlangung des Meistergrades als Mensch weiterzuentwickeln. Jede Bürgschaft ist dazu ein willkommener Anlass, weiter zu lernen, zu hinterfragen, sich einzusetzen, Verantwortung zu übernehmen.

Keine lästige Pflicht

Die Bürgschaft ist eine Notwendigkeit der persönlichen Vervollkommnung, sozusagen ein stiller weiterer Grad, den man mit jedem neuen Schützling erneut beginnt, sie ist ein sozialer Akt, sie bedeutet ein Zurückgeben an die Loge im Rückblick auf die Zeit, als andere Verantwortung für einen selbst übernahmen. Selbst wenn die eigenen Erinnerungen nicht so positiv sind, sollte man sich daran erinnern, wie man es gern gehabt hätte uns es für sein Mündel besser machen.

Wenn wir die immer wieder beschworene Qualität an Mitgliedern haben wollen, müssen wir bei den vorhandenen Mitgliedern beginnen. Das gilt im Übrigen nicht nur für die neuen Mitglieder, sondern auch für die „Alten".

Die Rolle des „väterlichen Freundes" trägt in nicht zu unterschätzender Weise zur Verbesserung des Logenlebens bei. Jeder Bruder Meister ist als Bürge gefordert, sich zu verbessern und Vorbild zu sein. Wo könnte er dies besser üben als in seiner Loge und bei seiner Bürgschaft für ein neues Mitglied?

Die freimaurerische Ordnung

Das Vorhandensein eines Bürgen ist nicht nur Tradition, Brauch oder gar Gewohnheit, sondern eine unumgängliche Vorschrift und in der „Freimaurerischen Ordnung"[2] unserer Großloge geregelt:

1. Bewirbt sich ein Suchender um Aufnahme in eine Loge, so ist er an einen Bruder Meister zu verweisen, der bereit ist, den Suchenden zur Aufnahme vorzuschlagen und die Bürgschaft für ihn zu übernehmen.

2. Der Bürge soll den Suchenden mit den Zielen der Freimaurerei und den Pflichten eines Bruder Freimaurers bekannt machen und soll ihn sodann veranlassen, ein schriftliches Aufnahmegesuch vorzulegen. Dabei soll der aktuelle Formularsatz der Großloge verwendet werden.

3. Der Bürge übergibt das Gesuch mit seiner schriftlichen Stellungnahme an den Meister vom Stuhl.

---

[2] Zitiert aus „Freimaurerische Ordnung" der Großloge der Alten Freien und Angenommenen Maurer von Deutschland.

Sollten zum Aufnahmeantrag Bedenken bestehen, wird auch hier der prospektive Bürge eingebunden, indem der Meister vom Stuhl ihm eventuell geäußerte Bedenken mitteilt, damit „dieser sie zerstreuen oder seinen Vorschlag zurückziehen kann".

Bürge werden

Wie wir gesehen haben, taugen die Rezepte unserer Vorfahren nur noch bedingt, die Rahmenbedingungen haben sich erheblich geändert. Ein Patentrezept gibt es nicht, die Strukturen und Gewohnheiten in den Logen sind zu unterschiedlich. Ich will daher meine Vorstellungen darlegen, die jede Loge nach ihren individuellen Gepflogenheiten anpassen kann und die in der Summe etlicher Gespräche und Erfahrungen als Vorschläge zu verstehen sind.

Bürgschaft ist Logenaufgabe

Eine ernstzunehmende Bürgenkultur betrifft nicht nur die direkt betroffenen Brüder, sondern ist eine wichtige Logenaufgabe. Der Beamtenrat, ihnen voran die hammerführenden Meister, sind dafür verantwortlich, dass es im Rahmen einer guten maurerischen Ausbildung zu einer guten Bürgenkultur kommt. In den Meistergesprächen sollte dies weitergeführt und ein Klima geschaffen werden, in dem alle Brüder Meister animiert werden und sich zutrauen, die Aufgaben eines maurerischen Beistandes zu übernehmen.

Bürge und Loge sollten daher die Aufgabe nicht nur uneigennützig im Sinne des neuen Bruders wahrnehmen, sondern den Eigennutz in Form gemeinschaftlicher und individueller Entwicklung nicht aus den Augen verlieren.

„Wie stark ist die Gemeinschaft[3]"

Zu den Aufgaben der ganzen Bruderschaft gehört es, den Sozialisierungsprozess in der Loge aktiv zu fördern, neue Brüder als solche anzunehmen und aktiv zu integrieren. Es kann nicht alleinige Aufgabe des Bürgen sein, seinen Schützling in die Loge einzuführen, der junge Bruder muss auch willkommen sein. Das gilt nicht nur für die ersten Wochen und Monate, sondern ist ein dauernder Prozess.

In jeder Gemeinschaft gibt es unterschiedlich gewichtete Sympathien, daher ist es geradezu natürlich, dass auch in einer Loge sich Grüppchen bilden, die bei den Zusammenkünften gern beieinander sind. Dagegen ist prinzipiell nichts einzuwenden, wenn alle Brüder sich Mühe geben, Gespräche auch mit anderen Logenmitgliedern zu führen, besonders die zurückhaltenden oder stillen Brüder einzubinden.

Gästeabend als Meilenstein

Gelingt in der Übungsstätte einer Loge ein vorbildliches Miteinander, braucht man sich vor dem Gelingen

---

3   Aus dem Gesellenritual der Großloge der Alten Freien und Angenommenen Maurer von Deutschland.

eines Gästeabends nicht zu fürchten. Der unterschiedliche Erfolg von Logen nach Gästeabenden hängt zweifellos damit zusammen, wie gut die Brüder mit sich selbst, besuchenden Brüdern und den Gästen umgehen. Humanismus zeigt sich schon in Gastfreundschaft und Empathie.

Je besser dies gelingt, um so besser werden das brüderliche Klima und die inhaltliche Qualität und um so lebendiger, zukunftsfähiger die Loge sein. Ein solches Klima befähigt nicht nur die Brüder zu besonderen Leistungen, sondern springt auch auf Außenstehende und Suchende über.

Wer soll und kann Bürge werden?

Der Bruder Rolf Appel hat sich bereits vor über zwanzig Jahren in seiner zwar nicht mehr ganz aktuellen, aber immer noch empfehlenswerten Schrift „Der freimaurerische Bürge[4]" mit dem Thema befasst. Mit ihm bin ich einer Meinung, dass ein Meister vom Stuhl der Loge tunlichst keine Bürgschaften übernehmen sollte, auch wenn er zweifellos die Befähigung dazu besitzen dürfte. Erstens ist er mit der Logenleitung ausgelastet, zweitens muss er sich um individuelle Befindlichkeiten kümmern, ist für viele Brüder Vertrauensperson und

---

[4] Verlag Die Bauhütte, Bonn

gerade in diesem Zusammenhang oft genug Schlichter kleiner oder großer Streitigkeiten. Dafür sollte er unbelastet von einer Bürgschaft sein, um neutral und unbefangen urteilen und handeln zu können.

Ansonsten kann zweifellos jeder Bruder Meister eine Bürgschaft übernehmen. Drei Dinge sind wichtig:

1. Der Bruder Meister hat den festen Willen, sich selbst und seinen Schützling menschlich und freimaurerisch zu entwickeln;
2. Mündel und Bürge passen zusammen;
3. Der Meister scheut sich nicht, bei Problemen in der Loge um Rat zu fragen.

Anforderungen an den Bürgen

Idealerweise ist der Bürge ein lebens- und logenerfahrener Meister, der in der Logenstruktur eng verflochten ist. Insbesondere die Figur des „väterlichen Freundes" kann nur ein in Lebens- und Maurerjahren älterer Bruder ausüben. Das ist der Idealfall, der sich gerade in kleinen Logen nicht immer so findet.

Keine Frage des Alters

Ich bin überzeugt, dass auch jüngere Brüder Bürgschaften übernehmen können, selbst wenn sie deutlich jünger sind als das Mündel. Hier müssen die beiden eine andere, für sich passende freundschaftliche Struktur schaffen. Es ist nichts gegen ein solches Verhältnis einzuwenden, wenn nur beide bereit sind, einander zuzuhören, aufeinander einzugehen und voneinander lernen zu wollen. Merkmale, die für einen alten wie für einen jungen Bürgen gelten. Hilfreich für unerfahrene Bürgen ist, wenn sie ein nach wie vor freundschaftliches Verhältnis zu ihreM früheren Bürgen haben und diesen von Fall zu Fall um Rat fragen können.

Es gibt kein Patentrezept: Entscheidend ist die Konstellation von Begleiter und Begleitetem, ihr persönliches Verhältnis, Interessenlagen, räumliche Nähe u.a.m. Von erheblich größerer Bedeutung ist, wie intensiv sich der Bürge mit den Werten der Freimaurerei vertraut gemacht hat, wie weit er sich um eine Vorbildrolle innerhalb und außerhalb der Loge bemüht, wie gut es um seine Kenntnisse um Ritual und Symbolik bestellt, in welchem Maße er um ständiges Lernen bemüht und – wie es bekanntermaßen Lessing sagte – ob er „zum Gespräch mit dem Freunde" bereit ist.

Wie wird man mit Überzeugung Bürge?

Das ist eine beinahe zentrale Frage dieser Schrift. Den einen oder anderen mag ich mit den hohen Anforderungen an die Bürgschaft und mit wiederholtem Hinweis auf deren zentrale Wichtigkeit für die Loge verunsichern, vielleicht sogar erschrecken.

Ich wiederhole jedoch, dass für die meisten Brüder Meister eine Bürgschaft machbar ist. Lebenserfahrung und Lebensklugheit sind hilfreich, machen aber allein keinen Bürgen aus. Der Bruder Meister muss gewillt sein, eine freundschaftliche Beziehung über das brüderliche Verhältnis hinaus mit dem Schützling einzugehen. Er muss sich mit ihm beschäftigen, diskutieren, sein freimaurerisches Wissen auffrischen, nachlesen, nachdenken, kommunizieren. Eine Bürgschaft ist eine Frage des Entschlusses. Man wächst mit der Aufgabe. Nur Mut!

Müssen es zwei Bürgen sein?

Dem geneigten Leser wird aufgefallen sein, dass ich generell von „dem" Bürgen spreche. Nach meiner Kenntnis ist es in etlichen Logen Brauch, zwei Bürgen zu bestellen. Die Praxis der beiden Bürgen ist aus dem letzten Jahrhundert historisch bedingt und bezieht sich auf die zwei geforderten Referenzen, die einem überhaupt den Kontakt zur Loge ermöglichen, ansonsten aber nicht weiter in Erscheinung treten. Der Bürge in unserem Sinne ist mehr: für eine gute innere Qualität

der Loge bedarf es des tätig und wohlwollend beglei-
tenden Bürgen, nicht nur der Referenzen.

Bei zwei Bürgen kann es leicht geschehen, dass sich
der eine auf den anderen verlässt oder aber, was noch
schlimmer ist, widersprüchliche Arbeit leisten. Ich zie-
he klare Verhältnisse vor. Wenn aber die Arbeit mit
zwei Bürgen verlässlich geregelt ist, kann dagegen
nichts eingewendet werden.

Ein Problem ergibt sich bei dynamisch wachsenden
und sehr jungen Logen: Dort gibt es bald einen Eng-
pass an potentiellen Bürgen, weshalb schon deshalb
nur ein Bürge möglich ist.

Mein Standpunkt ist: Jeder junge Bruder sollte ausschließlich einen (aktiven) Bürgen haben, jeder Meister maximal zwei gleichzeitige Bürgschaften übernehmen und der Meister vom Stuhl, ggf. selbst die Aufseher, gar keine.

Wenn ein Bürge seiner Aufgabe vorübergehend oder
dauerhaft nicht nachkommen kann, gilt das Prinzip der
Logenbeamten: wer seine Aufgabe nicht ausüben
kann, hat für Ersatz zu sorgen. Andernfalls muss der
Meister vom Stuhl einen Bürgen berufen.

Beginn mit dem Gästeabend

Nach meiner Vorstellung wird der Keim der Bürgschaft bereits bei einem Gästeabend gelegt. Möglichst

früh sollte ein Bruder sich bereit erklären, dezent die Betreuung für einen Gast zu übernehmen. Seine Aufgabe ist es, sich unaufdringlich um den Besucher – Suchenden – zu kümmern, ihn anderen Brüdern vorzustellen, zu Gesprächen zu animieren, kurz: Er soll sich um den Gast als Menschen bemühen, ohne ihn in irgendeiner Form zu drängen oder zu beeinflussen.

Beim Gästeabend kann man am besten prüfen, ob die „persönliche Chemie" einem Herrn gegenüber stimmt und sich entscheiden, ob man sich zunächst um die stille Begleitung des Gastes kümmern möchte, aus der später ein Vorschlag zur Aufnahme und eine Bürgschaft werden können.

Gästeabende mit Freundlichkeit und guten Gesprächen machen die Loge bei Interessenten, die laut Umfrage der Großloge ganz besonders den Freundschaftsbund, gute Gespräche und eine vertrauensvolle Umgebung für die Selbstverwirklichung suchen, begehrlich und die Öffentlichkeitsarbeit praktisch zum Selbstläufer. Das Thema Bürgschaft ist durch den Begleiter eines Gastes damit stark verwoben.

Im Vorfeld einer Bürgschaft ist es empfehlenswert, den Interessenten auch außerhalb des Logenhauses kennenzulernen – man kann sich zum Essen, zu einem Spaziergang treffen, den Suchenden zu sich nach Hause einladen oder ihn um eine Einladung zu sich bitten.

Wie man zur Bürgschaft kommt

Immer häufiger kommen Herren aus eigenem Antrieb, animiert durch Bücher, Filme, Zeitschriften, durch öffentliche Veranstaltungen der Logen und nicht zuletzt durch die Internetpräsenzen der Logen und der Großloge. Man kann davon ausgehen, dass derzeit im Schnitt die Hälfte der Interessenten über das Internet zu den Logen stoßen, bei einigen Logen deutlich mehr. Einige Brüder, insbesondere ältere, mögen dies bedauern und der klassischen Methode des persönlichen Anwerbens nachtrauern, allein die Realität ist eine andere.

Ich finde die Situation positiv. Herren, die auf eigene Veranlassung kommen, sind schon im Wortsinn als Suchende zu definieren. Der Umstand, dass diese Menschen unbekannt sind führt dazu, dass die Gewohnheiten des Kennenlernens und der Bürgschaft sich verändern, sehr viel persönlicher und individueller werden müssen, sofern sich die Loge nicht schon darauf eingestellt hat.

Etliche Logen sprechen an dem auf einen Gästeabend folgenden Bruderabend über die Gäste und entscheiden gemeinsam, ob eine weitere Einladung erfolgen oder wie weiter verfahren werden soll. Ich halte das für eine gute Vorgehensweise, die die ganze Bruderschaft einbindet. Solche Bruderabende sind eine gute Gelegenheit, seine Bereitschaft zu einer Begleitung oder Bürgschaft zu äußern.

Einfach ist es bei Suchenden, die durch einen Bruder aus dessem Umfeld in die Loge gebracht werden – die klassische Situation. Hier übernimmt üblicherweise der entsprechend Bruder die Bürgschaft.

Seine Bereitschaft zu einer Bürgschaft trägt man frühzeitig der Bruderschaft oder dem Meister vom Stuhl vor, der diesem Wunsch stattgeben wird, sofern es keine Einwände oder einen aus objektiven Gesichtspunkten besser geeigneten Bürgen gibt oder der Suchende von sich aus einen anderen Wunsch äußert.

Prüfung eines Suchenden

In den Logen sind mittlerweile zwischen 40 und 90 Prozent der Suchenden persönlich zunächst unbekannt. Sie kommen, wie bereits erwähnt, über Literatur, Vorträge, Internet aus eigenem Antrieb. Um so wichtiger ist es, die Herren im Vorfeld zu prüfen. Dazu gehören Vorgespräche, eine ausreichende Anzahl von Besuchen der Gästeabende, intensive Gespräche, Recherche im Umfeld der Brüder und ganz besonders die Umfrage bei benachbarten Logen. Jede Loge hat ihre eigenen Strukturen und Mechanismen, auf die ich an dieser Stelle nicht näher eingehen will.

Der Hausbesuch

Ich empfehle, dass ein möglicher Bürge frühzeitig in diesen Prozess eingebunden ist, der durch den Hausbesuch abgeschlossen wird. Der Hausbesuch dient einerseits dazu, die tatsächlichen häuslichen Verhältnisse mit den vorherigen Eindrücken des Suchenden in Einklang zu bringen. Andererseits bietet er eine hervorragende Gelegenheit, beim Lebenspartner des Suchenden Vorbehalte auszuräumen und Fragen zu klären. Man darf nicht vergessen: Wir erwarten zumindest die Billigung durch den Lebenspartner, obwohl wir den Suchenden mehrmals monatlich in eine Gruppe entführen, über die der Kandidat in weiten Teilen Stillschweigen zu bewahren hat. Dass dies zu Skepsis führen kann, ist nachvollziehbar.

Der prospektive Bürge sollte die Besuchsgruppe leiten und er sollte derjenige sein, der am Schluss des Hausbesuches als Zeichen der Zustimmung den Vordruck des Aufnahmeantrages überreicht und den ausgefüllten Antrag nebst Stellungnahme an den Meister vom Stuhl überreicht (sofern die Loge nicht eine andere Vorgehensweise praktiziert).

Arbeit des Bürgen

Jede Funktion in der Loge gewährt für eine begrenzte Zeit eine andere Sichtweise auf andere Brüder, die Loge und das eigene Wirken. Das liest sich vielleicht seltsam. Wer jedoch mehrere Ämter in einer Loge ausgeübt hat, wird diese Einschätzung vermutlich bestätigen. Der veränderte Standpunkt führt gleichermaßen zu einem anderen Blickwinkel auf sich selbst und schafft neue Verantwortungen. Das gilt auch für die Funktion des Bürgen. Es ist gut, wenn er sich der Aufgaben und Erwartungen, die an ihn gestellt werden, frühzeitig bewusst ist.

Die Funktion des Bürgen

Drei Funktionen zeichnen den Bürgen aus, sie spiegeln die zentrale Rolle zwischen dem jungen Bruder und der Loge wider:

1. Er ist für längere Zeit die Bezugsperson und Vorbild des jungen Bruders.
2. Er ist der erste Ansprechpartner für Fragen und Probleme.
3. Er ist der Mittler zwischen der Bruderschaft und seinem Mündel.

Die Aufgaben des Bürgen

Die Aufgaben sind vielfältig. Nicht alle wird man immer und mit der gleichen Qualität umsetzen können. Das ist nicht gefordert und bei einer gewissen Weitsicht auch nicht notwendig. Ein Bürgschaftsverhältnis sollte, unserem Selbstverständnis entsprechend, zurückhaltend und diskret ausgeübt werden.

1. Die Bürgschaft kann bereits beim Gästeabend in Form einer stillen Begleitung beginnen.
2. Der Neuaufgenommene muss in die Loge eingeführt und mit den Brüdern bekannt gemacht werden.
3. Der Lehrling wird über die Traditionen, Gebräuche und Abläufe in der eigenen Loge unterrichtet.
4. Gleiches gilt für den Gesellen, allerdings bezogen auf Gebräuche und Rituale in anderen Logen, um ihm die Besuche zu erleichtern und Freude daran zu vermitteln.
5. Der Bürge bringt dem jungen Bruder das Ritual und die Symbole der eigenen Lehrart nahe.

6. Freihalten des Mündels von allen unnötigen Belastungen und eventuellen Differenzen in der Loge.
7. Er soll die Verfahrens- und Kommunikationswege in der Loge kennen.
8. Er soll zum geeigneten Zeitpunkt sein Mündel zur Beförderung oder Erhebung vorschlagen.
9. Der Bürge soll in allen Belangen der Bürgschaft diskret wirken.
10. So gut es immer geht soll der Bürge versuchen, Vorbild zu sein.
11. Fragen allgemeiner Art kann er beim Meistergespräch klären.

Man kann nicht alles wissen

Die Freimaurerei ist derart vielseitig, dass man nur einen Ausschnitt davon kennt. Selbst das bekannte und vielleicht schon hundert Mal erlebte Ritual der eigenen Loge lässt Auslegungen und Interpretationen zu, die auch noch individuellen Änderungen unterliegen. Es ist also beileibe keine Schande, sondern ein Zeichen von Charakterstärke, wenn man eine Antwort vertagen muss oder Bürge und Mündel sich mit Hilfe anderer Brüder oder Literatur eine Antwort erarbeiten. Maurerei heißt auch Geduld und Begegnen auf gleicher Ebene – falsche Auskünfte und Selbstherrlichkeit sind dagegen unpassend und untergraben den Respekt.

Erste Pflicht: Abholen

Das mag banal klingen, aber es ist eine der einfachsten Übungen eines Bürgen: den Schützling vor seiner Aufnahme, Beförderung und Erhebung zuhause abzuholen, heimzubringen und für ein Gespräch zur Verfügung zu stehen. Es signalisiert von Anfang an Betreuung, Zuwendung, Verbundenheit und hilft dem Mündel, mit Zuversicht und Gelassenheit in die jeweilige Initiationsarbeit zu gehen.

Nur in Ausnahmefällen soll dieser Dienst delegiert werden, dann muss es der Bürge aber ausdrücklich organisieren.

Zu viel Engagement bremsen

Gerade (an Lebensjahren junge) Lehrlinge sind enorm wissenshungrig und möchten möglichst viel in kurzer Zeit erfahren. Darüber tritt leicht die eigentliche Aufgabe des in oder um sich Schauens in den Hintergrund. Hier soll der Bürge ihn leiten und zu Geduld bewegen, seine vielfältigen Fragen beantworten. Er sollte auch dafür sorgen, dass der Lehrling nur wenige Logenbesuche außerhalb der eigenen Bruderschaft

macht, und dann ausschließlich in Begleitung des Bürgen. Ansonsten soll er sich in passenden Gesprächen
und mit geeigneter Literatur auf die eigentlichen
Selbsterkenntnisfragen konzentrieren.

Die Gesellenzeit – Pubertät der Freimaurer

Wenn der überschäumende Lehrling nicht in Schran-
ken gehalten wird, wird er sich als Geselle langweilen.
Denn wenn er bereits viele Logen besucht hat, möglicherweise allein – was liegt dann noch vor ihm? Man
soll zweifelsohne ein Feuer entfachen. Aber kein
Strohfeuer.

Es ist kein Wunder, dass die Schätze der Gesellenzeit
oftmals verkannt werden, wenn man schon vorher zu
viel naschen durfte. Leider wird oft genug der Gesel-
lengrad nur als ein „Übergangsgrad" bezeichnet, weil
einige praktische Dinge schon in der Lehrlingszeit vor-
gezogen wurden und man sich nicht genügend mit
den inhaltlichen Werten des zweiten Grades beschäftigt. Dabei beinhaltet das Ritual ungemein wichtige
Aussagen, die nicht nur für das Leben des Gesellen,
sondern für die Gemeinschaft der ganzen Loge und
der Menschen von besonderer Bedeutung sind. Es gehört zu den Aufgaben des Bürgen, dem Gesellen die
umfangreichen Aussagen der Gesellenarbeit und diese
Werte der Gemeinschaft zu vermitteln.

Neben den eigenen Erfahrungen haben mehrere Gespräche auf „Collegia Masonica" gezeigt, dass junge Brüder, die bereits als Lehrlinge alles durften, die man auch im übertragenen Sinne reisen ließ, als Gesellen gefährdet sind: Sie sind frustriert, weil es vermeintlich wenig Neues gibt und sie vermeintlich alles kennen.

Reisen mit Bedacht

In den Logen wird das Reisen propagiert, Reisen bildet bekanntlich und verbindet. Bei unseren Lehrlingen und Gesellen sind aus meiner Sicht aber ein paar Regeln zu beachten:

1. Der Lehrling sollte nur mit seinem Bürgen reisen, auch nicht mit anderen Meistern.
2. Der Bürge sollte sein Mündel möglichst bald nach dessen Aufnahme zu einer Aufnahmearbeit in eine andere Loge, vorzugsweise gleichen Rituales, mitnehmen, es sei denn, in der eigenen Loge steht kurzfristig eine Aufnahme an.
3. Ansonsten soll der Bürge mit dem Lehrling wenig und dann nur zu wichtigen Feiern wie Stiftungs- oder Johannisfest reisen. Der

> Lehrling hat genug in der eigenen Loge zu
> lernen und mit sich selbst zu tun.
>
> 4. Der Geselle dagegen soll und muss reisen,
>   wenn möglich mehr als die drei Pflichtrei-
>   sen – allein oder in Gemeinschaft mit ande-
>   ren Gesellen, durchaus auch aus verschie-
>   denen Logen. Die Teilnahme an einem CM
>   ist eine gute Basis zum Kennenlernen.

In manchen Logen ist es Brauch, dass der Geselle gemeinsam mit dem Bürgen reist. Ich lehne diese aus meiner Sicht durch nichts gerechtfertigte Praxis ab. Damit zeigt man nicht gerade Zutrauen in die Fähigkeiten der Gesellen – was bei genauer Betrachtung auf den Bürgen zurückfällt. „Der Lehrling lernt. Ein Geselle ist der, der etwas kann". Das Rüstzeug sollte ihm der Bürge auf eine Weise mitgegeben haben, dass er ihn getrost allein auf Reisen schicken kann.

In meiner Loge handhaben wir es so, dass ausschließlich Gesellen die Grüße der Loge ausbringen, selbst wenn Meister oder sogar der Meister vom Stuhl der eigenen Loge anwesend sind. Das Ausbringen der Grüße ist eine Aufgabe der Gesellen, das sollen und das wollen sie auch.

Der Bürge wirkt diskret

Auch wenn der Bürge über die Aktivitäten seines Mündels informiert sein soll, ist dies nicht mit Überwachung oder Gängelung zu verwechseln. Sein Wirken ist, ganz freimaurerisch diskret und wohlwollend begleitend, Freiräume schaffend und schützend. Er muss dem jungen Bruder so gut als möglich zur Verfügung stehen, er wird dafür also Zeit einplanen müssen.

Ausbildung ist Logenaufgabe

Die grundlegende Unterweisung in freimaurerischen Fragen gehört nicht zu den Aufgaben des Bürgen, sondern in den Bereich des Lehrlings- und Gesellenunterrichts, der Instruktionslogen und der distriktweiten Veranstaltungen (Collegium Masonicum, Distriktsloge), die der Lehrling oder Geselle mindestens ein Mal besuchen sollte. Darüber hinaus gibt es Literatur, üblicherweise in der Logenbibliothek, die für das Selbststudium des jungen Bruders zur Verfügung steht. Der Bürge soll ihm jedoch für nachfolgende Verständnisfragen und zur inhaltlichen Vertiefung zu Verfügung stehen und er muss sicherstellen, dass Lehrling und Geselle an den Unterweisungen teilnehmen.

Es ist Aufgabe der ganzen Loge, insbesondere der Aufseher oder Instruktoren, des Redners und des

Meisters vom Stuhl, den Logennachwuchs immer wieder anzuhalten, sich in freimaurerischen Belangen weiterzubilden.

Der Schützling hat Streit

Das kann mal vorkommen und es ist auch die Frage, ob es nur Animositäten, kleine Reibereien oder ein handfester Streit sind.

In jedem Fall soll das Mündel sich der weiteren Streitigkeit enthalten: der Bürge greift ein. Er sucht das Gespräch mit der „Gegenseite" und vermittelt. Ist der Streitpartner Lehrling oder Geselle, vermitteln logischerweise beide Bürgen. Diskret, einfühlsam, in Ruhe, aber bestimmt.

Es hat sich bewährt, wenn die Kontrahenten bis zur Beilegung sich auf den Besuch von Tempelarbeiten beschränken, diese aber nicht ausfallen lassen.

Bürgschaft mit beschränkter Haftung

Eingangs wurde die Haftung eines Bürgen erwähnt. Beim klassischen finanziellen Bürgschaftsvertrag ist dies einfach: der Bürge haftet in voller Höhe für die eingegangene Verpflichtung. Bei einer moralischen Bürgschaft ist dies nicht möglich. Ich habe in Ansätzen erwähnt, dass die Konsequenzen in früheren Zeiten erheblich sein konnten. Heute ist das nicht denkbar, wäre auch nicht gerecht, denn üblicherweise hat die ganze Loge sich am Entscheidungs- und Prüfungsprozess des Suchenden beteiligt.

Insofern kann man den Bürgen für Verfehlungen des Schützlings nicht direkt verantwortlich machen. Eher wäre es der Bürge selbst, der persönliche Konsequenzen ziehen würde. Aus meiner Sicht gehört es im Zweifelsfall zu den Aufgaben des Bürgen, bei fortgesetzten Verfehlungen seines Mündels darauf hinzuwirken, dass dieser Bruder seine Handlungen überdenkt und sich ggf. entschuldigt, oder aber der Loge und am besten der Freimaurerei im Ganzen den Rücken kehrt. Angesichts unserer Freimaurerischen Ordnung und des Mitgliedschaftsgesetzes, die gleichwohl ihre Berechtigung haben, kein ganz einfaches Unterfangen.

Bürgschaft ist keine Einbahnstraße und kein unumkehrbarer Prozess. Sie ist aufkündbar und es gibt Fälle, in denen eine Rücknahme der Bürgschaft zweckmäßig ist, beispielsweise um das Ansehen des Bürgen zu schützen und ihn vor Schlimmerem zu bewahren. Wenn ein Neuling oft genug ermahnt wurde, ergebnislos Gespräche mit dem Meister vom Stuhl und ggf. anderen Beteiligten gesucht wurden halte ich es für eine legitime Maßnahme eines Bürgen, seine schützende Hand zurückzuziehen. Bürgschaft ist ein Vertrauensprozess, keine Subordination.

Die Loge kann versuchen, einen Ersatz zu beschaffen. Gelingt dies nicht, besteht ein ernstliches Problem, denn das Vertrauen zu dem bürgenlosen Bruder ist dahin. Normalerweise sollte der betreffende Bruder mit etwas Anstand selbst seine Lage erkennen und die Loge geordnet verlassen, erfahrungsgemäß wird man in solchen Fällen jedoch kaum mit Einsicht rechnen dürfen; hier werden die Einschaltung eines Ehrenrates, das Gespräch mit dem Distriktmeister oder sogar der Gang zum Distriktehrengericht wahrscheinlich werden.

Ein Schwebezustand ist auf Dauer nicht möglich, denn nach gängigem Ritualverständnis sind für den betroffenen jungen Bruder weder Beförderung noch Erhebung durchführbar, weil hierfür ein Bürge und eine Bürgschaftsbestätigung vonnöten sind.

Es ist zu hoffen, dass derartige Fälle nur selten eintreten. Aber trotz sorgfältigster Prüfung bei Gästeabenden und durch Aufnahmekommissionen kann es immer wieder geschehen, dass Herren Mitglieder einer Loge werden, die sich nicht zu Brüdern entwickeln und große Probleme bereiten. Hier sollte die Loge dem Bürgen beistehen, sich als wehrhaft und couragiert erweisen, keinesfalls aber die Verantwortung und Konsequenzen auf den Bürgen abschieben. Ein aufmerksamer Bürge sollte Schwierigkeiten früh erkennen und in den meisten Fällen rechtzeitig korrigieren können.

Totalausfall – was jetzt?

Was ist, wenn ein Bürge ausfällt, beispielsweise durch Umzug, Todesfall, Deckung? Oder wenn er versagt, seiner Aufgabe nicht nachkommt, der Schützling unzufrieden ist? Oder wenn das Verhältnis zwischen Bürgen und Mündel gestört ist?

Normaler Ausfall des Bürgen

Das kann immer passieren: der Bürge erkrankt, verstirbt gar, muss sich voll auf Beruf oder Familie konzentrieren, nimmt einen Umzug vor. Einzig in diesem Fall sind die Logen gut dran, die von vornherein einen zweiten Bürgen bestimmen.

Ein guter Bürge wird sich rechtzeitig mit seinem Mündel ins Benehmen setzen und für Ersatz sorgen. Wenn dies nicht möglich ist, wird der Meister vom Stuhl sich um eine Lösung bemühen müssen.

Wenn der Bürge seinen Wohnsitz verlegen muss, kann in einigen Fällen die Bürgschaft aus der Ferne weiter ausgeübt werden. Bei einem guten Verhältnis zwischen Bürge und Schützling ist das zu empfehlen, wenngleich die Kommunikation für alle Beteiligten schwieriger wird.

Der Bürge deckt die Loge

Erfolgt die Deckung aus Unzufriedenheit oder Unfrieden, kann das ein problematischer Fall sein. Der Bürge hat seine Probleme mit der Freimaurerei oder der Loge möglicherweise schon an seinen Schützling „vererbt".

Geht der Bruder im Guten, wird er üblicherweise seine Verhältnisse zur Loge und damit auch zur Bürgschaft regeln. Tut er dies nicht, ist wieder der Meister vom Stuhl gefragt. Dieser ist gut beraten, nach einem eingehenden Gespräch mit dem sozusagen verwaisten Bruder einen passenden Ersatz zu finden.

Der Bürge vernachlässigt seine Aufgabe

Diesen Fall gibt es leider nicht selten. Üblicherweise finden sich die Lehrlinge und Gesellen zwangsläufig damit ab. Wie sollten sie auch anders: Sie können nicht wissen, was eine Bürge tun sollte. Ich hoffe, dass dieses Büchlein dazu beiträgt, dieses „Laufenlassen" abzustellen. Es gibt in diesem Buch auf Seite 72 eine Checkliste für das Mündel, die ich den Logen zur Veröffentlichung empfehle. Es kann nicht schaden, untätigen Bürgen einen gewissen Druck zu machen.

Selbstverständlich kann man vom Mündel, immerhin einem erwachsenen Menschen, spätestens nach

Kenntnis der Checkliste erwarten, sich mit seinem Bürgen zu unterhalten und auf die Unzufriedenheit hinzuweisen. Wir wollen hoffen, dass dies nützt. Hilft es nicht, sollte sich der Lehrling vertrauensvoll an den zweiten Aufseher und der Geselle an den ersten Aufseher wenden.

Das Mündel hält sich nicht an die Regeln

Der einfachste Fall kann darin bestehen, dass der Schützling seinen finanziellen Verpflichtungen nicht nachkommt. Ob der Bürge dann einspringen kann und will, ist seine persönliche Entscheidung. Manchmal hilft vielleicht ein diskretes Gespräch mit dem Schatzmeister oder dem Beamtenrat, wenn es sich um eine finanzielle Verlegenheit des Bruders handelt. Wir haben jedoch auf Seite 14 schon erfahren, dass die materielle Bürgschaft nicht durchsetzbar ist. Das gilt in meinen Augen besonders dann, wenn der Bebürgte generell zahlungsunwillig oder dauerhaft zahlungsunfähig ist. Dann kann und darf ihn der Bürge nicht halten, ein Austritt, Streichung oder Ausschluss ist unumgänglich.

Und wenn er sich an sonstige Regeln oder Gepflogenheiten nicht hält? Der Bürge wird ihn ermahnen, bei Bedarf auch wiederholt. Ab einem gewissen Punkt sollten die Aufseher diskret einbezogen werden und schließlich der Meister vom Stuhl.

Wenn alles nichts hilft und keine Einsicht erfolgt, muss man die Konsequenzen ziehen. Die sehen aber nach meiner Ansicht nicht so aus, dass der Bürge im Ansehen alter Traditionen (siehe Seite 16) die Loge verlässt. Ich schlage vor, dass der Bürge bei fortgesetzter Uneinsichtigkeit die Bürgschaft aufgibt.

Dieser Fall ist indes nicht vorgesehen, zumindest nicht in der Freimaurerischen Ordnung der Großloge A.F.u.A.M.v.D. Gleichwohl kann man von einem Bürgen bei einem renitenten Bruder nicht erwarten, seine Bürgschaft aufrechtzuerhalten – und aus unseren Ritualen lässt sich die Aufgabe einer Bürgschaft durchaus ableiten. Warum sonst würde der Meister vom Stuhl in Beförderungs- oder Erhebungsarbeiten danach fragen?

Die Situation ist weder für den abgebenden Bürgen noch für die Loge einfach. Schwierig wird sie aber für den jungen Bruder, denn ohne Bürgschaft keine Beförderung oder Erhebung. Wenn sich nun kein neuer Bürge findet oder der bürgenlose Bruder die Loge verlässt, kann ein solcher Fall wohl nur durch ein Ehrengericht geklärt werden.

Das Verhältnis ist gestört

Der Bürge soll Differenzen seines Mündels dämpfen und bereinigen. Was aber, wenn die beiden selbst betroffen sind? Hier ist das gemeinsame Gespräch mit dem Meister vom Stuhl angebracht. Der muss eine Lösung finden, die diesem eher theoretischen Fall entspricht. Ich zumindest habe davon bisher nichts gehört, aber denkbar ist es.

Inhaltliche Arbeit

Wie bereits dargelegt gehört die grundlegende Ausbildung nicht zum Aufgabengebiet des Bürgen. Gleichwohl gibt es einige wichtige Themen, deren Kenntnisse der Bürge gelegentlich im Gespräch prüfen und ggf. vertiefen sollte. Dazu ist es ratsam, sich selbst damit beschäftigt zu haben. Dazu gehören beispielsweise:

- Der Symbolgehalt der Reisen bei der Aufnahme und Beförderung;
- Die Symbole des Arbeitsteppichs;
- Zeichen, Wort und Griff, Schritte;
- Rituelle Prüfung im jeweiligen Grad;
- Struktur der eigenen Loge, ihre Ämter und Leitung;
- Kugelung;
- Verhalten in der Loge und im Tempel;
- Richtlinien und freimaurerisches Brauchtum;

- Verschwiegenheit;
- Innere und äußere Sicherheit;
- Alte Pflichten;
- Logensatzung und Freimaurerische Ordnung;

Im Anhang ab Seite 61 gibt es dazu praktische Checklisten.

Kommunikationskette

Wenn ein Bürge Mittler zwischen dem Mündel und der Loge sein soll, müssen die Kommunikationswege und Zuständigkeiten bekannt sein. Die Aufgabengebiete werden in den Logen recht unterschiedlich gehandhabt, daher werde ich mich am Beispiel unserer Loge orientieren, die die Aufgaben der Beamten aus den klassischen Ritualfunktionen abgeleitet hat. Die Beschreibungen beziehen sich ausschließlich auf die mit der Bürgenfunktion in Zusammenhang stehenden Aufgaben.

Meister vom Stuhl	<ul><li>Ansprechpartner in allen wichtigen Belangen</li><li>Erster Schlichter bei Differenzen</li><li>Zuständig für das Meistergespräch, das auch dem Gedankenaustausch der Bürgen dient.</li></ul>
1. Aufseher	<ul><li>Mentor und Ausbilder der Gesellen</li><li>Bringt Vorschläge für Erhebungen in den Beamtenrat</li></ul>
2. Aufseher	<ul><li>Mentor und Ausbilder der Lehrlinge</li><li>Bringt Vorschläge für Beförderungen in den Beamtenrat</li></ul>
Redner	<ul><li>Organisiert Vorträge und Zeichnungen, mithin auch die Gesellen- und Meisterstücke</li><li>Unterstützt bei der Vorbereitung von Vorträgen</li><li>Gibt thematische Hilfestellung</li></ul>

Beamtenrat	• Entscheidet über Vorschläge der Aufseher zu Beförderung und Erhebung • Berät Aufgabenverteilungen und Berufungen zu begleitenden Funktionen, die auch Lehrlinge und Gesellen bereits ausüben können
Vorstand	• Leitet die vereinsrechtlichen Aufgaben
Sekretär	• Organisiert und veröffentlicht die Arbeitspläne • Verwaltet Arbeitspläne anderer Logen • Nimmt Anmeldungen zu Logenbesuchen entgegen • Führt Teile der Logenkorrespondenz
Schatzmeister	• Verwaltet u.a. die Mitgliedsbeiträge und ist für deren Eingang zuständig
Bürgen	• Begleiten die freimaurerische und menschliche Entwicklung • Klären kleinere Misshelligkeiten ihrer Schützlinge untereinander

Damit die Kommunikation in der Loge reibungslos stattfinden kann, ist es hilfreich, die Funktionen und Namen in den Mitgliedsverzeichnissen aufzuführen, vielleicht auch eine Kurzbeschreibung der Aufgaben. Bei allen Brüdern Lehrlingen und Gesellen ist es sinnvoll, den Bürgen hinzuzufügen.

Verabschiedung des Bürgen

Bei der Erhebung wird der Bürge durch den Meister vom Stuhl aus seiner Verpflichtung entlassen. In einigen Logen wird ihm dazu eine Urkunde überreicht, wie auch beim Antritt der Bürgschaft. Ich persönlich halte das nicht für sinnvoll, sondern erachte den ausdrücklichen Dank des Meisters vom Stuhl vor versammelter Bruderschaft als die wertvollste Ehrbezeugung. Urkunden, Orden und Ehrenzeichen sollten in der Freimaurerei eine untergeordnete Bedeutung haben.

Häufig üblich ist es, dass dem jungen Meister vom entlassenen Bürgen nach der Arbeit ein passendes Geschenk gemacht wird: ein Buch, eine Kanone vielleicht. Wichtiger als all dieses ist – auch wenn es eine schöne Geste ist –, dass die beiden Brüder ihre über Jahre hoffentlich erworbene Freundschaft pflegen.

Zum Abschluss

Auch wenn die Bürgschaft vorwiegend ein einseitiger Vertrag ist und auf den ersten Blick nur Pflichten enthält, so wird doch der Bürge einigen Gewinn aus seiner Tätigkeit ziehen.

- Er bekommt Einblicke in die aktuelle Wissensbildung der Freimaurerei;
- Er erhält frische Ideen und Impulse vom freimaurerischen Nachwuchs,
- Er kann seine bisherigen Erkenntnisse und Handlungen reflektieren und verbessern;
- Er arbeitet mit, den Nachwuchs in seinem Sinne und im Sinne der Loge zu qualifizieren;
- Er trainiert seine soziale und kommunikative Kompetenz;
- Schlussendlich kann er u.a. sein Verhältnis zu anderen Bürgen vertiefen und sein soziales Netzwerk erweitern.

Seine Arbeit ist wertvoll für seinen Nächsten – seinen Schützling – seine Loge und für sich selbst. Ein verbessertes, stabiles und aktives Logenleben kommen ihm in einer Rückkopplung zugute. Und wenn alles gut geht, gewinnt er in seinem Mündel einen guten Freund.

Ich kann jedem Br. Meister nur empfehlen, sich auf eine Bürgschaft vorzubereiten und sie gewissenhaft auszufüllen.

Chronologische Checklisten

Als Hilfe für die Arbeit des Bürgen gibt es an dieser Stelle einige Checkliste, die in etwa einem chronologischen Ablauf folgen. Nicht alle Punkte muss der Bürge mit seinem Mündel selbst durchgegangen sein, er soll sich aber mindestens überzeugen, ob der Lehrling oder Geselle die Themen bei den Unterweisungen behandelt und verstanden hat.

Wenn alle oder zumindest die meisten Punkte erfüllt worden sind, besteht berechtigte Hoffnung, dass man von einer gelungenen Bürgschaft und von einem Gewinn für die Loge sprechen kann.

Diese Checkliste ist sicherlich nicht vollständig. Eine aktuell gehaltene Version kann man auf einer speziellen Internetseite herunterladen und dort auch weitere Funktionen nutzen. Mehr dazu auf Seite 74.

Vor der Aufnahme

- ☐ Gibt es einen guten Bekannten, Verwandten oder Freund, der für die Loge geeignet sein könnte?

- ☐ Wenn er sich für die Freimaurerei interessiert, bitte dem Meister vom Stuhl für einen Gästeabend (oder für die Aufnahmekommission, je nach Logenbrauch) vorschlagen und wie ein künftiger Bürge begleiten.

- ☐ Wenn Deine Loge Gästeabende durchführt, stelle Deinen Schützling anderen Brüdern und Gästen vor. Sorge bitte dezent dafür, dass Dein Gast sich gut und mit unterschiedlichen Anwesenden unterhalten kann, damit er einen möglichst umfassenden Eindruck von der Loge bekommt und ebenso die Bruderschaft von ihm.

- ☐ Ggf. privates Treffen mit dem Suchenden und seiner Frau.

- ☐ Kann der Suchende die zeitlichen und finanziellen Anforderungen erfüllen? Wenn nicht: Sind Regelungen dauerhaft möglich, sinnvoll und im Interesse der Loge und des Suchenden?

- [ ] Sollte es zum Hausbesuch kommen und dieser positiv ausfallen: Aufnahmeformular aushändigen (je nach Logenbrauch).

- [ ] Berichterstattung vor der Kugelung, formelle Übernahme der Bürgschaft nebst einer schriftlichen Stellungnahme.

- [ ] Hat der Suchende den Aufnahmeantrag vollständig ausgefüllt und rechtzeitig abgegeben?

- [ ] Vorbereitung und Abholung des Kandidaten, Überreichen der drei Fragen.

In der Lehrlingszeit

- ☐ Abholen und Heimbringen des Mündels übernehmen oder zumindest organisieren.

- ☐ Wenige Tage nach der Aufnahme ein Gespräch mit dem Neuaufgenommenen führen – er wird viele Fragen haben und möglicherweise irritiert sein.

- ☐ Zeitnah zur Aufnahme den jungen Lehrling zu einer anderen Aufnahmearbeit begleiten, vorzugsweise des gleichen Rituals, damit sich dem jungen Bruder das Aufnahmeritual im Ganzen erschließen kann.

- ☐ Beschäftigt sich der Lehrling mit der Aufgabe seines Grades, des „Schau in Dich"?

- ☐ Die drei Reisen bei der Aufnahmehandlung erklären.

- ☐ Teppicherklärung.

- ☐ Zeichen, Wort und Griff sowie Lehrlingsschritt.

- ☐ Rituelle Prüfung.

- ☐ Struktur der Loge, Ämter und Beamte.

- ☐ Verhalten in der eigenen Loge (Bruder- und Gästeabend, Tempelarbeit, Tafelloge).

- ☐ Winkelmaß, Zirkel in der Lehrlings-Kombination, Spitzhammer, Rauer Stein, 24-zölliger Maßstab.

- ☐ Bei anstehender Kugelung entsprechende Erklärung des Ablaufs, Mitgliedschaftsgesetz.

- ☐ Rechte und Pflichten des Lehrlings.

- ☐ Aufbau des Tempels.

- ☐ Die drei großen Lichter.

- ☐ Die drei kleinen Lichter.

- ☐ Die drei Säulen.

- ☐ Die Lehrgespräche I.

- ☐ Sicherheit und Verschwiegenheit.

- ☐ Gelegentlich Rücksprache mit dem 2. Aufseher halten.

- ☐ Wenn der Lehrling ausreichend gearbeitet hat kann man ihm dem 2. Aufseher zur Beförderung vorschlagen. Bitte mehrere Monate Vorlaufzeit der Logenplanung berücksichtigen.

In der Gesellenzeit

- [ ] Abholen und Heimbringen des Mündels zur Beförderung übernehmen oder zumindest organisieren. Den Bürgen des oder der anderen Kandidaten ist dies ebenfalls zu empfehlen.

- [ ] Der Geselle muss seine Reisen planen und durchführen. Es dürfen gerne auch mehr Besuche sein als die drei Pflichtbesuche.

- [ ] Der Geselle reist alleine oder im Verbund mit anderen Gesellen – weder mit Lehrlingen noch mit Meistern – und bringt die Grüße seiner Loge aus.

- [ ] Loge für Besuch empfehlen, beispielsweise bei einem sehenswerten oder besonderen Ritual.

- [ ] Nachbesprechung der Logenbesuche.

- [ ] Die Gesellenreisen.

- [ ] Bedeutung des Wanderns und die Grüße.

- [ ] Verhalten in anderen Logen.

- [ ] Der Buchstabe „G", der kubische Stein und die Kelle.

- [ ] Der flammende Stern.

- ☐ Teppicherklärung aus Gesellensicht.

- ☐ Ordnungen und Organe der Großloge.

- ☐ Gepflogenheiten und Verhaltensweisen in anderen, zumindest den benachbarten Logen.

- ☐ Zeichen, Wort, Griff und Schritte der Gesellen.

- ☐ Rituelle Prüfung der Gesellen.

- ☐ Lehrgespräche II.

- ☐ Gelegentlich Rücksprache mit dem 1. Aufseher halten.

- ☐ Wenn der Geselle ausreichend gearbeitet hat kann man ihn dem 1. Aufseher zur Erhebung vorschlagen. Bitte mehrere Monate Vorlaufzeit der Logenplanung berücksichtigen.

Erhebung zum Meister

- ☐ Passendes Geschenk an den jungen Meister zur Erhebung besorgen.

- ☐ Den Gesellen persönlich zur Erhebung abholen.

- ☐ Unmittelbar nach der Erhebung mit dem jungen Meister die Loge verlassen und zu einem freundschaftlichen Gespräch, vielleicht zum Essen, einladen.

- ☐ Den jungen Meister nach ein paar Tagen anrufen, um bestehende Fragen zu klären.

- ☐ Ab dann den jungen Meister nicht mehr aktiv begleiten, sondern nur noch auf Anfrage zur Verfügung stehen.

- ☐ Die Rolle des „väterlichen Freundes" auch ernst nehmen.

Grundlegende Dinge

☐ Das Mündel soll regelmäßig an den Unterweisungen teilnehmen und mit seinem Bürgen über die Inhalte sprechen.

☐ Wenn der Bürge informativ an den Unterweisungen teilnimmt, soll er dies unbedingt (!) schweigend tun – die Veranstaltung heißt Unterweisung der Lehrlinge und Gesellen und nicht Besserwissen der Meister.

☐ Ist der Schützling in der Loge über- oder unterfordert?

☐ Gibt es private, berufliche oder maurerische Probleme, in denen der Bürge oder ein anderer Bruder behilflich sein können?

☐ Unterstützung bei Vorträgen und Zeichnungen.

☐ Integration in die Bruderschaft.

☐ Hat der Schützling besondere Talente und Neigungen, die ihn für bestimmte Aufgaben auszeichnen, auf die er vorzubereiten wäre?

☐ Werden die freimaurerischen Prinzipien und die Maßgaben des Gelöbnisses umgesetzt?

☐	Sind die Unterweisungen der Loge ausreichend?
☐	Ist jedem Logenbruder die Information zugänglich, wer wessen Bürgschaft übernommen hat (beispielsweise über das Mitgliederverzeichnis)?

Bei Unstimmigkeiten

- [ ] Umgehend das Gespräch mit den Bürgen der beteiligten Brüder oder den Brüder Meistern suchen.

- [ ] Die Beteiligten bitten, sich der Konfliktführung direkt mit dem Mündel zu enthalten.

- [ ] Ruhig, besonnen und brüderlich handeln.

- [ ] Wenn sich das Problem nicht umgehend lösen lässt, den Meister vom Stuhl in Kenntnis setzen.

- [ ] Bei größeren Unstimmigkeiten die Beteiligten bitten, vorübergehend nur zu Tempelarbeiten zu erscheinen und sich diszipliniert zu verhalten. Weiteres Vorgehen ist mit dem Meister vom Stuhl abzustimmen.

- [ ] Bei Emotionalität das Gespräch vertagen.

Checkliste für das Mündel

Dein Bürge hat fast nur Pflichten und Aufgaben aus der eingegangenen Bürgschaft. Das heißt aber nicht im Umkehrschluss, dass Du als Lehrling oder Geselle nur Rechte hast. Hier eine Übersicht der wichtigsten Regeln.

☐ Noch mehr als allen Brüdern solltest Du Deinem Bürgen mit Respekt für seine Arbeit begegnen. Betrachte ihn als „väterlichen Freund".

☐ Beschäftigst Du Dich intensiv mit den Aufgaben Deines Grades?

☐ Besuchst Du regelmäßig die Instruktionen? Wenn es keine gibt, sprich mit Deinem Bürgen.

☐ Stellst Du Deinem Bürgen Fragen zur Freimaurerei?

☐ Wenn Dir etwas innerhalb Deiner Loge oder der Freimaurerei insgesamt auffällt, sprich mit Deinem Bürgen.

☐ Solltest Du Differenzen mit einem Bruder haben, verständige Deinen Bürgen.

☐ Halte Dich an die Ratschläge Deines Bürgen.

☐ Fragt Dein Bürge Dich die Erkennungszeichen und die Wechselgespräche Deines Grades ab?

☐ Spricht er mit Dir über die Instruktionen?

☐ Diskutiert ihr über die Symbole?

☐ Kennst Du die Organisation Deiner Loge, die Funktionen und die Namen der Beamten?

☐ Kennst Du Aufbau der Großloge?

☐ Kannst Du einem Außenstehenden in drei Sätzen die Freimaurerei erklären?

☐ Kennst Du die (meisten) Brüder Deiner Loge?

☐ Sprichst Du immer mit den gleichen Brüdern? Wenn ja: Ändere das umgehend.

☐ Solltest Du mit Deinem Bürgen unzufrieden sein, sprich mit ihm, auch wenn es schwerfällt! Courage zeichnet einen Freimaurer aus.

☐ Hast Du ein gespanntes Verhältnis zu Deinem Bürgen oder bist Du dauerhaft unzufrieden, sprich als Lehrling den zweiten, als Geselle den ersten Aufseher an.

Der Internetbereich zum Buch

Ergänzend zum Buch gibt es einen Internetbereich. Dort kannst Du Dir beispielsweise die Checklisten in einer besser druckbaren Form herunterladen. Möglicherweise gibt es dort aktualisierte, erweiterte und ggf. neue Checklisten und zusätzliche Beiträge. Außerdem kannst Du mit mir und anderen über das Buch und das Thema diskutieren; die Erkenntnisse kommen allen Bürgern zugute und fließen, wenn es eine neue Auflage dieses Buches gibt, dort ein.

Bitte gehe auf die Seite *www.carlos-urban.de.*

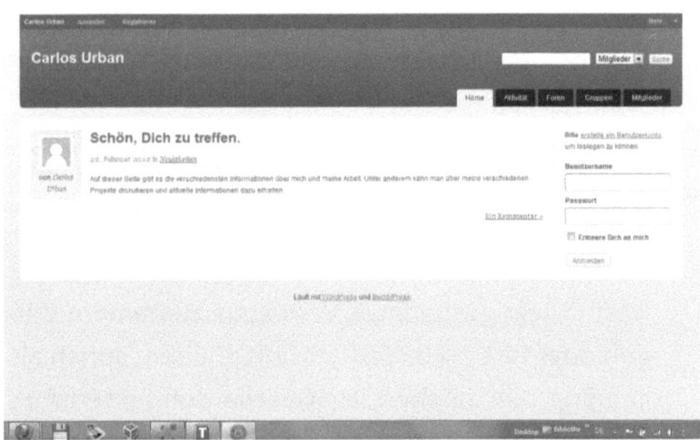

Bitte beachte, dass diese Bilder nur den aktuellen Stand wiedergeben. Bei Deinem Besuch kann die Seite schon anders aussehen. Suche also bitte die hier beschriebenen Menüpunkte in *kursiver Schrift*.

Beim ersten Besuch musst Du Dich als neuer Benutzer registrieren. Suche dazu den Menüpunkt *Registrieren*, hier im Beispiel links oben. Danach öffnet sich folgendes Formular:

Hier gibst Du einen Benutzernamen in Kleinbuchstaben an, Deine E-Mail-Adresse, ein Paßwort und Deinen

Namen. Zum Schluss klickst Du auf *Registrierung abschließen*.

Das System sendet Dir nun eine Bestätigungsmail mit einem Link, auf den Du klicken musst. Damit wird sichergestellt, dass Deine E-Mail-Adresse stimmt und Du Dich wirklich selbst registriert hast.

Ggf. musst Du Dich jetzt mit Deinem Benutzernamen und gewähltem Paßwort *Anmelden.*

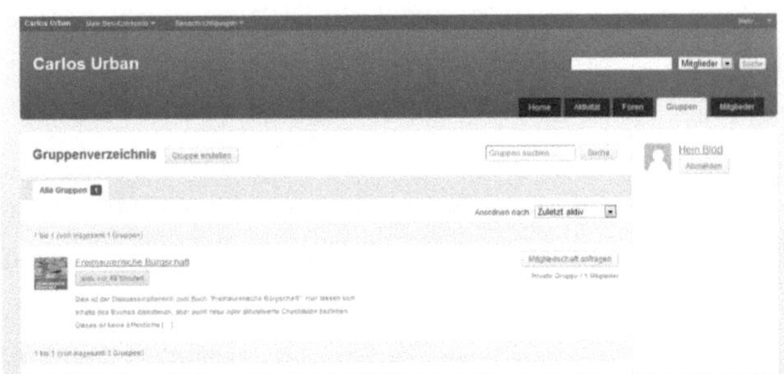

Gehe nun auf *Gruppen.* Du siehst mindestens die Gruppe „Freimaurerische Bürgschaft", in naher Zukunft auch noch weitere. Neben der Gruppe „Freimaurerische Bürgschaft" siehst Du einen Button *Mitgliedschaft anfragen.* Hier klickst Du bitte und beantragst damit eine Mitgliedschaft in dieser Gruppe.

Es handelt sich um eine geschlossene Gruppe. Hier wird nicht jeder freigeschaltet, es sollen nach Möglichkeit nur Freimaurer sein.

Danksagung

Es gibt etliche Personen, bei denen ich mich ganz herzlich zu bedanken habe:

- Vor allem bei meiner Frau und meinen Kindern, die viel Geduld und Wohlwollen aufbringen;
- in großer Verbundenheit bei meinem Bürgen Br. Helmut S., der mir nach wie vor einiges abverlangt, aber viel ermöglicht hat sowie bei meinem Bürgen Br. Peter H., von dem ich viel über das Ritual und eine perfekte, mit ganzem Herzen durchgeführte Tempelarbeit lernen durfte;
- bei den Brüdern meiner Loge St. Alban zum Æchten Feuer i.O. Hoya, die mir immer wieder zeigen, wie schön Freimaurerei und „æchte" Freundschaften zu den Brüdern sein können;
- bei Br. Jens O. für die Anregung und für die Durchsicht des Manuskriptes;
- beim Ehrwst. Großmeister Br. Axel P. für das Grußwort;
- bei Br. Wolfhard M. für die Überlassung einiger Materialien;
- bei vielen Stuhlmeistern und Meistern des Bremer Distriktes für die zielführenden Diskussionen beim Meistermasonicum;

- und, zwar erst am Schluss, aber mir besonders wichtig: bei allen, die immer zu mir gestanden haben, auch wenn es mal nicht ganz leicht war.